AF258017

T B
186.

SOCIÉTÉ D'ANTHROPOLOGIE DE LYON

— Séance du 3 juillet 1886 —

OBSERVATIONS

SUR UNE

TÊTE MOMIFIÉE D'INDIEN JIVARO

PAR

E. CHANTRE

LYON

IMPRIMERIE PITRAT AÎNÉ

4, RUE GENTIL, 4

1887

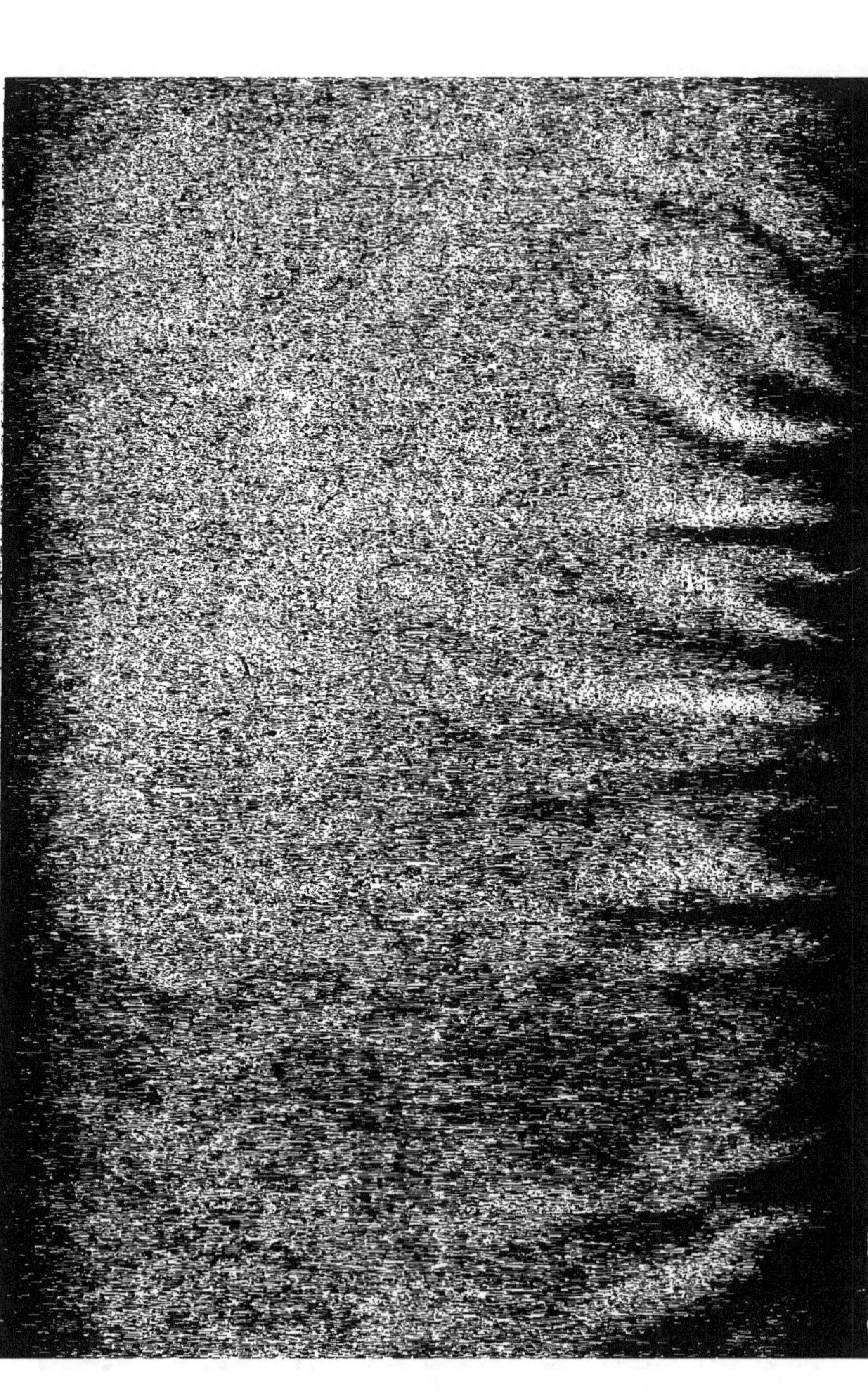

TÊTE MOMIFIÉE D'INDIEN JIVARO

SOCIÉTÉ D'ANTHROPOLOGIE DE LYON

— Séance du 3 juillet 1886 —

OBSERVATIONS

SUR UNE

TÊTE MOMIFIÉE D'INDIEN JIVARO

PAR

E. CHANTRE

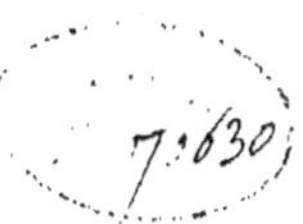

LYON

IMPRIMERIE PITRAT AINÉ

4, RUE GENTIL, 4

—

1887

OBSERVATIONS

SUR UNE

TÊTE MOMIFIÉE D'INDIEN JIVARO

Certaines tribus sauvages des rives du Maranon, aux confins du Pérou et de la République de l'Équateur, ont attiré l'attention, seulement dans ces dernières années, sur leurs mœurs singulières, principalement sur la coutume curieuse qu'elles ont de conserver comme trophées de victoire les têtes des chefs ennemis vaincus, après leur avoir fait subir une préparation consistant en une momification et une réduction qui a excité longtemps la sagacité des ethnographes.

Les plus anciens géographes ont appelé Xibaros ces sauvages vivant cachés dans leurs forêts impénétrables. On les nomme actuellement Zibaros, Jeberos, Givaris et le plus généralement Jivaros. Depuis le P. Samuel Fritz qui, dès 1741, visita cette partie de l'Amérique du Sud, habitée par ces sauvages en grand nombre, plusieurs voyageurs ont décrit leur pays et leurs mœurs.

Le P. Pozzi, l'un des plus récents et des plus sérieux au

teurs qui en aient parlé, n'hésite pas à les diviser en treize ou quatorze tribus. Humboldt, d'Orbigny, et dans ces derniers temps Hamy, rattachent ces tribus à la grande famille Guaranis.

Une étude des plus détaillées ayant été publiée sur cette population il y a peu de temps par le Dr Hamy, je ne puis que renvoyer à son savant Mémoire [1], dans lequel on trouvera les renseignements bibliographiques les plus complets. Je me bornerai ici à décrire un de ces précieux débris de trophée jivaros, qui a été présenté récemment au Muséum de Lyon, et dont il n'existe guère en Europe qu'une douzaine d'exemplaires.

D'après Hamy, déjà au siècle dernier, Madunuel Sobreviela avait remarqué que les sauvages qu'il venait de visiter dans le Pérou oriental « font fouiller la tête de leurs ennemis. Ils en détachent ensuite la peau qu'ils empaillent et font sécher à la fumée pour en former un masque. Les dents leur servent à faire des colliers et ils suspendent les crânes au toit de leurs habitations. » Il ajoutait qu'à un jour fixé on célébrait les victoires de la tribu avec la plus grande pompe et que les garçons venaient à la fête tenant par les cheveux les masques dont on vient de parler [2].

Ce sont bien ces masques ou plutôt ces peaux de la face et du crâne, garnies encore de leur chevelure et séparées du crâne, qui sont si recherchées dans les musées ethnographiques et qui ont appelé l'attention sur ces sauvages. Au dire du P. Pozzi, une tête de ce genre a été vendue à Paris, il y a quelques années, au prix énorme de 1500 francs.

Actuellement ces objets sont un peu moins rares ; le Muséum de Paris en possède trois exemplaires, et celui de Londres au moins deux. Le Musée ethnographique de Rome en a reçu deux spécimens qui ont été décrits dernièrement par M. Col--

---

[1] *Revue d'antropologie* de Broca, t. II, p. 385.

[2] *Voyage au Pérou fait dans les années 1791 et 1794*, traduit en français, t. I, p. 156, in-8°. Paris, 1809.

lini [1]. Il en existe également deux exemplaires dans les musées de Vienne et de Berlin.

Le musée Broca possède l'un des spécimens les plus connus.

La première tête préparée de Jivaro a été envoyée en 1861 à M. W. Bollaert, qui l'a décrite sommairement [2].

Les téguments débarrassés des os formaient une tête qui paraissait réduite au quart de son volume primitif. Une corde était fixée au sommet de la tête; une autre était passée dans les lèvres perforées et pendait devant le visage. Les oreilles étaient percées et les narines réunies étaient remplies de résine noire. M. O. Owen attribua la réduction du volume au tannage de la peau, mais M. Bollaert soutint qu'elle était due à la dessiccation devant le feu, sur un moule d'argile. Il pensait que ces têtes étaient portées comme talismans dans les combats.

M. Barriero, qui a fait connaître une seconde tête de Jivaro, donne sur leur mode de réduction et les superstitions qui s'attachent à leur possession des renseignements curieux. Il rapporte que l'agent de dessiccation est la chaleur produite par une pierre chauffée et introduite dans la peau de la tête. Ce qu'il y a de très particulier à ces pièces, c'est le procédé de dessiccation conservant aux têtes les traits des individus de façon à ce qu'il soit possible de les reconnaître malgré leur réduction considérable.

Vers la même époque où M. Barriero avait montré, mais non publié encore, son échantillon de tête de Jivaro, la Société d'anthropologie de Paris en recevait un autre de M. Morena Maïz, le troisième connu [3]. La quatrième tête envoyée en Europe est celle que le Muséum de Paris a reçue en 1864 de M. Fabre. L'étude de cette pièce a montré que ces têtes sont bien entières et que leur petit volume est uniquement dû au procédé habile des Jivaros.

---

[1] *Osservazioni etnografiche sui Givari (Accad. dei Lincei, 1882-1883).*

[2] *Transactions of the ethnologic Soc. of London,* p. 114, 1863.

[3] *Tête d'Indien jivaro conservée et momifiée par un procédé particulier,* etc. *(Bull. Soc. d'anthr. de Paris,* t. III. p. 185. 1862).

C'est depuis cette époque seulement que ces curiosités ethno-graphiques ont été mieux connues et que les diverses collections ont pu en obtenir.

La pièce que je présente en ce moment est celle d'un adulte appartenant, sans doute, à la tribu des Aguarunas, du Pongo de Manseriche.

La peau est d'un brun fauve comme dans la plupart des autres pièces de même provenance.

La face est dans son ensemble très proéminente ; le nez et le menton sont déformés ; les lèvres projetées en avant sont réunies par des liens passant dans trois trous.

Les oreilles adhèrent étroitement aux tempes et les lobes percés portent encore chacun un petit bâtonnet.

Les sourcils, longs et épais, sont noirs ainsi que les cils et les vibrices. Les cheveux, également noirs, sont longs de 65 centi-mètres en moyenne.

Dans un trou pratiqué vers le vertex est passé un cordon pour suspendre la pièce.

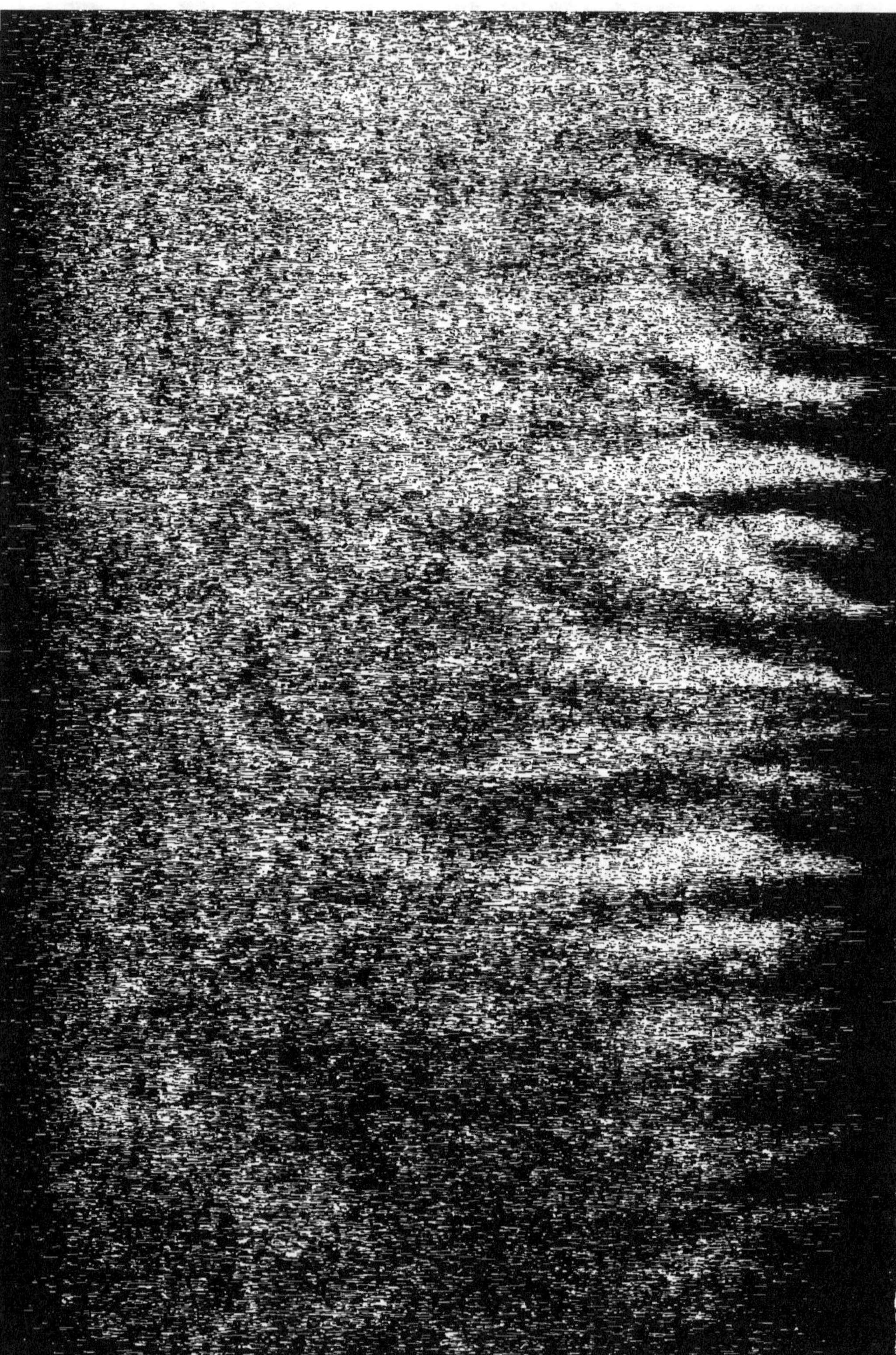